My Special Baking Note

このおいしさ、まるでプロ級！

味わいリッチな
焼き菓子レシピ

gemomoge

Contents

Part 1 初 級 編

Part 2 中級編

Contents

Part 3 上級編

はじめに

はじめましての方もそうでない方も
みなさんこんにちは。

私は2016年からはてなブログで
レシピの公開を始めましたが、
この本ではその中でも特に人気のレシピに加え、
私自身がおいしいと思うもの、
さらにはブログでは未公開のレシピを掲載しました。

どれも手順の写真を増やし、
失敗しないコツを詳しく書きました。
たくさんの写真から、質感や食感を
想像していただけると嬉しいです。

お菓子を作ることは、
幸せのコミュニケーションだと思います。
作るときは誰かを思い、
食べるときは、誰かとのおいしくて幸せな時間になる。

この本がそんな幸せの
きっかけになってくれればと思っています。

ご紹介するレシピの一番のこだわりは「おいしい」こと、
そして丁寧な工程写真で詳しく説明することです。

もし写真のようにできなかったとしても、
決して失敗ではないのです。
作って楽しく、食べて笑顔になれれば、
きっとそれは成功ですから、
ぜひチャレンジしてみてください。

初級編でも味はおいしいレシピです。
何度も作って、ご自分のレパートリーに
していただけると嬉しいです。

おいしく焼き上げるコツ

Secret Tips for Baking

Tips 1

粉の混ぜ方に注意する

スコーンやクッキーなどは、ぎゅっと粉を押して合わせるイメージで。パウンドケーキなども同様に、切るようにしてさっくり混ぜます。いっぽうで、シフォンケーキやマドレーヌのように、しっかりと粉を混ぜてグルテンを出すのがコツになるお菓子も。混ぜ方を意識することで、できあがりも違ってきます。

Tips 2

しっかり焼き色がつくまで焼く

表面がしっかりきつね色になるまで焼くのがおいしく仕上げるポイント。せっかく作った生地も、生焼けでは、食感や口どけがいまひとつ。チョコレートのスコーンや、アップルパイなど、表面がとけたり焦げたりしやすいものは、途中でアルミホイルをかぶせて中までしっかり焼くようにしましょう。

自分のオーブンの
性質やクセを知っておく

私はビルトインタイプのオーブンを使っていますが、電子レンジとの一体型などの場合、開け閉めだけで温度がすぐに下がります。おすすめは本書のオイルクッキー（p.14 〜）をレシピの温度と時間通りに焼いてみて、自分のオーブンのくせを知ること。まずは本通りに焼き始めてみて、しっかり焦げずに中まで焼ける温度と時間を自分のオーブンで調整してみてください。

Tips 4

「バターは常温に」の
目安はかなり柔らかめ

バターは、指でぐっと押さえたら、指が入るぐらいの柔らかさが目安。バターが固いと、卵と合わせるときに分離しやすくなり、食感も悪くなります。常温に戻し、ホイッパーで白く空気をふくませるように泡立ててから他の材料を混ぜるのもポイント。あまり「常温」にこだわらず、バターの固さを目安に温度管理を。

Tips 5

作っている間の温度に注意を払う

お菓子には、生地を冷たくしておくものと、常温にしておくものがあります。スコーンやディアマンクッキー、アップルパイの生地は冷たい状態のままオーブンで揚げるように焼きます。一方、パウンドケーキなどはバターや卵が冷えていると混ぜるときにうまく乳化されず分離のもとに。材料の温度管理は成功の秘訣です。

How to use
この本の使い方

＊バターは無塩バターを使用しています。
＊砂糖は特に表記がない場合は、
　グラニュー糖を使用しています。
＊オイルは、米油、グレープシードオイル、サラダ油、
　太白胡麻油などを使用してください。
＊打ち粉は強力粉を使用しています。
＊計量単位は小さじ 1 = 5ml、大さじ 1 = 15ml です。
＊オーブンの焼時間はあくまでも目安です。
　型の大きさや深さ、材質、 オーブンの機種によっても
　差がありますのでお持ちのオーブンの特徴に合わせて
　調整してください。

スタイリング＆撮影／ gemomoge
デザイン／柏 幸江（スタジオ・ギブ）
編集／長谷川 華（はなぱんち）

焼き菓子

初 級 編

初めてのお菓子作りは、
なるべく失敗したくないもの。
そこで、少ない材料で、手順も少なく、
初心者でも簡単に作れるレシピを紹介します。
オイルクッキーは、材料を混ぜて焼くだけ。
チーズやドライフルーツを入れるなど、
クッキーのバリエーションを覚えたら、
次はマフィンにステップアップを。
マフィンも、次々と材料を混ぜて型に入れて焼くだけ。
毎日、気負わず作れるおやつばかりです。

Cookies

お菓子作りの基本といえば
何といってもクッキー

　クッキーは、子どもと一緒に作るのにぴったり
のお菓子。私も小さいとき、よく祖母と一緒に手
作りをしました。ぬか床やお味噌なども手作りし
ていた祖母には、お菓子作りの楽しさのベースを
教えてもらったように思います。

　子どもとのお菓子作りで、おすすめなのがオイ
ルクッキーです。バターが入った生地は、練ると
バターがとけて生地が劣化してしまいますが、オ
イルなら、たくさん練っても大丈夫。

　好きな型で抜いて、余った生地はもう1回まと
めてのばして、と粘土遊びのように楽しめます。
オイルクッキーは、最後に卵でまとめていますが、
水でもまとめることができるので、卵アレルギー
がある場合は、水で作ってみてください。

ポリ袋でお手軽に
たった1時間で完成！

オイルクッキー

Point

1時間かからず作れる手軽なクッキーです。
粉とオイルを混ぜるときは
なるべく練らないようにすることで
サクサクの食感に。
生地をさわりすぎても固くならないので
お子さまとの手作りにもぴったり。

材料（クッキー型 30 ～ 40 枚分）

薄力粉	120g
粉砂糖	40g
オイル（米油）	50ml
卵	1/3 個分
バニラオイル	3滴

準　備 ▶ 材料を計量する
　　　　　卵をときほぐす
　　　　　ポリ袋を準備する

焼時間 ▶ 170℃　約 17 分～

01

ポリ袋に薄力粉と砂糖を入れる。

02

ポリ袋の口を片手でしっかり閉じて
持ち、片手を添えてふる。

03

ポリ袋にオイルを入れる。バニラオイルも加える。

04

ポリ袋の口を片手でしっ
かり閉じて持ち、片手を
添えてふる。

\texture/

そぼろ状に
なるまでふる

05

とき卵を少しずつ入れる。一度に全
量を加えない。

06

袋の中でなじませ、粉っぽいようで
あればとき卵（分量外）をたす。

07

ボウルに生地を取り出
し、なるべくねらずに
押しまとめる。

\texture/

べたつくよう
であれば少量
の粉をたす

16

08

ここで
170℃に
予熱

オーブンシートの上に生地をのせ、
ラップをふんわりかける。

09

めんぼうで、2mm の厚さにのばし
ていく。

10

好きな型で抜く。

11

天板に並べる。

12

170℃で約 17 分〜焼く。オーブン
の機種により調整を。

13

完成。オーブンの外に出し、しっか
り冷ます。

---

column

オイルは、米油を使いましたが、他
にもグレープシードオイル、サラダ
油、太白胡麻油などでも OK です。

recipe
02
Dried Fruit Cookies

軽くて夏にぴったり！
塩分が熱中症予防にも

ドライフルーツと
塩のクッキー

Point

バター＆卵不使用で、
思い立ったらすぐ作れる
ヘルシーかつ味わい深いクッキーです。
レーズン、パパイヤ、マンゴーなど、
お好みのドライフルーツとお好きなナッツで。
大きく焼けば、1枚でも満足感あり。

材料（直径6cmのクッキー20〜22枚分）

薄力粉	200g	ドライフルーツ	50g
きび砂糖	60g	ナッツ（お好みのもの・ロースト）	
オイル（米油）	60ml		50g
牛乳	50〜60ml	塩	2つまみ（1g）

準　備 ▶ 材料を計量する
　　　　　ドライフルーツとナッツは刻む

焼時間 ▶ 170℃　約30分〜

01

大きめのボウルに薄力粉、砂糖、塩を入れてホイッパーで混ぜる。

02

オイルを粉の中央部分に、少しずつ加える。

03

カードで切るようにして、オイルをなじませる。

04

texture

手で粉を持ち上げ、両手ですりつぶして、細かい砂状にする。

ポロポロ、さらさら状態に

05

刻んだナッツとドライフルーツを加えて混ぜ合わせる。

06

牛乳を加え、カードで切るようにして、混ぜ合わせる。

07

ここで170℃に予熱

全体に水分がなじんできたら、ひとかたまりに押しまとめる。

08

オーブンシートの上に生地をのせ、ラップをふんわりかける。

09

めんぼうで押し広げるように、5mm の厚さにのばしていく。

10

セルクルでナッツとドライフルーツ
を押し切るようにして抜く。

11

天板に並べる。

12

170℃で約 30 分〜焼く。オーブン
の機種により調整を。

13

完成。オーブンの外に出し、しっか
り冷ます。

=== column ===

ナッツはアーモンド、く
るみなど、お好みのもの
で。塩分不使用のものが
おすすめですが、塩気が
ある場合は、材料の塩の
量を少なめにして。

03

Cheesy Oats Crackers

**食物繊維がたっぷり
ワインにも合う大人の味**

オーツとチーズの
クッキー

Point

ほろほろとした食感に
チーズの味がしっかり効いた
お酒のおともにぴったりの
おつまみタイプのクッキーです。
バジルやローズマリーなど、
お好みのドライハーブでアレンジを！

材料（5cm角のクッキー 25 〜 30 枚分）

オーツ	100g	ハーブ（お好みのもの・ドライ）	
粉チーズ	20g		0.5g
全粒粉（強力粉）	50g	塩	4g
オイル	60ml	黒こしょう	1 〜 2g
卵	1 個（Lサイズ）	黒ごま（お好みで）	5g

準　備 ▶ 材料を計量する
　　　　 卵をときほぐす
　　　　 天板にオーブンシートをしく

焼時間 ▶ 180℃　約 15 分＋ 200℃　約 15 分〜

01
ボウルに、オイルと卵以外の材料をすべて入れ、混ぜ合わせる。

02
ここで
180℃に
予熱
オイルを少しずつ加える。

03
カードなどで切るように
混ぜ合わせる。
texture
ポロポロ
とした状態

04
とき卵を少しずつ加
え、カードなどで切る
ように混ぜ合わせる。
texture
粉類がまんべんなく
湿ったらOK

05
ひとかたまりに押しまとめ天板に置
く。まとまらない場合は牛乳（分量
外）をたす。

06
上からラップをふんわりとかける。

07
めんぼうで3mmの厚さにのばす。

08
180℃のオーブンで約15分、200℃
に上げて約15分〜、こんがり色がつ
くまで焼く。

09

焼き上がったら、浮いている油をキッチンペーパーでふく。

10

温かいうちにピザカッターなどで切り分ける。

=== *column* ===

オートミールやグラ
ノーラバーの原料に
なるオーツ。栄養価
が高く低カロリー。
食物繊維も豊富。

グラニュー糖のきらめきが まるでダイアモンド！

ディアマンクッキー

Point

バターたっぷりの、ディアマンクッキー。
外側にまぶしたグラニュー糖が、
キラキラ光って、宝石のよう。
生地を切り分けるときは、ゆっくり丁寧に。
どんな人にあげても喜ばれる
プレゼントの定番です。

材料（直径 2.5cm のクッキー約 30 個分）

薄力粉	120g	打ち粉	少々
粉砂糖	60g	砂糖	50g
アーモンドプードル	30g		
牛乳	15ml		
バター	80g		
塩	2 つまみ（1g）		

準 備 ▶ 材料を計量する
バターはさいの目に切り、使う 10 分前に冷蔵庫から出しておく
天板にオーブンシートをしく

焼時間 ▶ 160℃　約 45 分〜

01

薄力粉、砂糖、アーモンドプードル、塩を合わせてふるう。

02

フードプロセッサーに①とバターを入れてまわし、大きめのボウルに取り出す。

\texture/

さらさらに
なれば OK

03

\texture/

牛乳が
なじめば OK

②のボウルに牛乳を加え、カードなどで切るように混ぜる。

04

生地を手で1つに押しまとめる。練りすぎると焼き上がりが固くなるので注意。

05

包丁で2つに切り分ける。

06

打ち粉をした台で直径約 2.5cm × 長さ 30 〜 33cm の棒状にのばす。強く押すと割れるので注意。

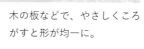

木の板などで、やさしくころがすと形が均一に。

07

それぞれをラップで包み、冷凍庫で1時間休ませてカチカチの状態にする。

08

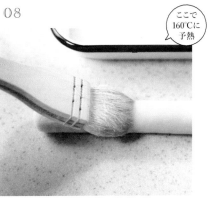

ここで160℃に予熱

生地を取り出し、ハケなどで水（分量外）をうすくぬる。

09

グラニュー糖を広げ、生地を押しつけながら全体にまぶしつける。

10

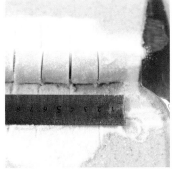

切って割れない程度の柔らかさになったら、ナイフで2cm幅に切る。

11

切り口をまっすぐにそろえると、仕上がりがきれいになる。

12

冷たいまま天板に並べる。

13

160℃のオーブンで、約45分〜焼く。オーブンの機種により調整を。

14

完成。オーブンの外に出し、しっかり冷ます。

column

ココア味や抹茶味にするときは、ココア20g、抹茶5gをそれぞれ薄力粉の同量分と置き換える。

**食べやすい
一口サイズで**

ラズベリーのブラウニー

Point

表面はさっくり、中はねっとり、
インスタントコーヒーが隠し味の
アメリカンなブラウニーです。
チョコレートと相性のよいラズベリーを
トッピングして酸味をプラス。
コーヒーのおともにもぴったりです。

材料（18cmのスクエア型1個分）

強力粉	15g	板チョコ（ブラック）	2枚（100g）
薄力粉	15g	バニラオイル	3滴
ココアパウダー	25g	塩	1つまみ（0.5g）
バター	50g		
砂糖	130g	**ラズベリーシロップ**	
卵	1個（Lサイズ）	ラズベリー（冷凍）	50g
オイル	50ml	砂糖	15g
インスタントコーヒー	小さじ1		

準　備 ▶ 材料を計量する
　　　　　卵は常温に戻す
　　　　　型に紙をしく

焼時間 ▶ 200℃　約25分〜

ブラウニー生地を作る

ラズベリーシロップを作る

01

02

03

耐熱ボウルにラズベリーと砂糖 15ｇを入れ、500ｗの電子レンジで1分加熱する。かき混ぜてさらに1分加熱しラズベリーシロップを作る。

01

粉類と塩は合わせて混ぜておく。

02

ここで
200℃に
予熱

チョコレートは砕いて2等分にする。

03

ボウルにバター、砂糖130g、チョコレート（半量）、オイル、バニラオイルを入れ湯煎でとかす。

04

= column =

ラズベリー以外にも、ナッツや、砕いたクッキーなどをトッピングするのもおすすめ。

インスタントコーヒーを加えて混ぜる。

05

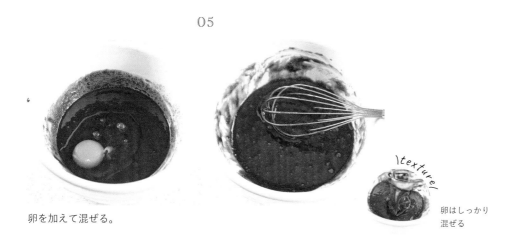

卵を加えて混ぜる。

\texture/

卵はしっかり
混ぜる

06   07

①の粉類と残りのチョコレートを加えてさっくり混ぜる。

\texture/

つやが出る程度

型に生地を流し入れる。

08   09   10

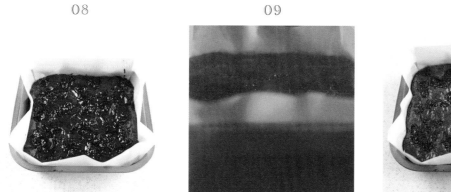

ラズベリーシロップの水分を軽く切り、実だけをのせる。

200℃のオーブンで約25分〜焼く。焦げるようであれば、アルミホイルをかぶせる。

型のまま冷まして、3cm角に押し切り分ける。

Story 2

Muffins

中の具を楽しむためのお菓子、
それがマフィンです

　私にとって、マフィン＝お好み焼きという感覚です。マフィンは、粉を食べるお菓子ではなく、具を食べるお菓子。中に入れるもので味が変わるので、フルーツやチーズ、チョコといった中身を楽しむもの。

　マフィンの粉はあくまでも、つなぎ。例えば塩マフィンはチーズと中の具を食べるという感じ。ホット

ケーキミックスマフィンも、チョコ同士をホットケーキミックスの粉でつなぐ程度なので、粉独特の味が苦手という人でも、このレシピならおいしく食べてもらえると思います。

　プレーンマフィンも、キャラメルを刻んで上にのせたり、ジャムを中に入れたり、ぜひ自分だけの＋αを楽しんでください。

簡単かつシンプル！
毎日食べても飽きない味

オイルで焼く
プレーンマフィン

Point

ボウルの1つにはドライと呼ばれる粉類を、
もう1つにはヨーグルトやオイルなど、
ウエットと呼ばれる液体類を混ぜ合わせ、
それらを一気に混ぜ合わせて焼きます。
1時間以内にさっと焼けるのも魅力。
ぜひトッピングを楽しんで！

材料（直径7cmのマフィン型10個分）

A（DRY）		B（WET）	
強力粉	150g	プレーンヨーグルト	200g
薄力粉	150g	オイル	120ml
ベーキングパウダー	5g	（100〜150mlで増減可）	
食品用重曹	5g	卵	2個（Lサイズ）
砂糖	150〜200g	バニラオイル	6滴
塩	1つまみ (0.5g)		
		ワッフルシュガー（あれば）	
			適量

準　備　▶　材料を計量する
　　　　　型に紙をしく

焼時間　▶　190℃　約20分〜

01

ここで
190℃に
予熱

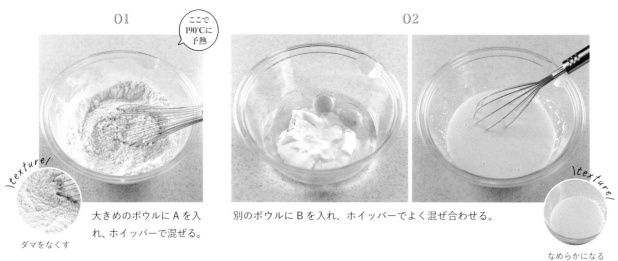

ダマをなくす

大きめのボウルにAを入
れ、ホイッパーで混ぜる。

02

別のボウルにBを入れ、ホイッパーでよく混ぜ合わせる。

なめらかになる
まで

03

①に②を一気に加え、へらで切るように混ぜ合わせる。

粉っぽさがなく
なるまで

04

型の8～9分目まで生地を入れる。

05

ワッフルシュガーをふる。

06
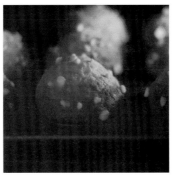
190℃のオーブンで約20分〜焼く。

07

取り出して粗熱をとる。

=== *column* ===

ベーキングパウダーだけではなく、食品用の重曹もプラスすることで独特の風味が出ます。ぜひ重曹を使って焼いてみてください。

細かく切ったドライフルーツや、くるみやアーモンドといったナッツ類、マシュマロやオレオクッキーなどをトッピングしても。

甘さしっかり
アメリカン！な味

ホットケーキミックスで焼く
ダブルチョコレートマフィン

Point

我が家の定番のチョコレートマフィンです。
チョコレートをそのまま割り入れて、
粉砂糖を多めにすることで、
ホットケーキミックス特有のにおいと
パサつきを抑えます。
リピート率の高いレシピです。

材料（ミニマフィン型 24 個分＜通常の直径 7cm のマフィン型なら 10 個分＞）

ホットケーキミックス	200g	オイル	70ml
粉砂糖	100g	卵	1 個（L サイズ）
ココアパウダー	20g	バニラオイル（あれば）	2 滴
牛乳	160ml	板チョコ	3 枚（150g）

準　備　▶ 材料を計量する
　　　　　絞り袋を用意する
　　　　　板チョコ 2 枚は細かく、1 枚は大きめに割る
　　　　　型に紙をしく

焼時間　▶ 200℃　約 15 分〜

01

02

\texture/

ダマをなくす

大きめのボウルにホットケーキミックス、砂糖、ココアパウダーを入れる。

ホイッパーで混ぜる。

03

細かく砕いた板チョコ2枚を混ぜ合わせる。

04

別のボウルに牛乳、オイル、卵、バニラオイルを入れ、ホイッパーでよく混ぜ合わせる。

05

③に④を加える。

06

へらで切るように混ぜ合わせる。

ここで
200℃に
予熱

\texture/

なめらかに
なるまで

07

しぼり袋に⑥を入れる。

08

型の6分目まで生地を入れる。しぼり袋がない場合はスプーンで入れてもOK。

09

残りの板チョコを飾る。

10

200℃のオーブンで約15分〜焼く。さわって弾力があれば焼き上がり。

━━ *column* ━━

スポンジ類は串を刺して焼き上がりを見ますが、チョコレートが入っている場合は、指でさわってスポンジのように指が跳ね返ればOK。

recipe
08
Cheese Muffins

チーズの塩気と
ハーブがアクセント

チーズの
お食事マフィン

Point

甘くないタイプのお食事マフィンです。
チーズとドライハーブが効いて、
朝食にしたり、サラダランチに添えたり、
肉料理のパン代わりにも。
ぜひ焼きたてを味わってみてください。
冷めると固まるのでぜひ温めてから！

材料（直径 7cm のマフィン型 10 個分）

A（DRY）		オイル	80ml
強力粉	150g	卵	1 個（L サイズ）
薄力粉	150g	おろしにんにく	3g
ベーキングパウダー	7g		
食品用重曹	3g	シュレッドチーズ	150g
塩	5g	ドライハーブ（お好みのもの）	1.5g
黒こしょう（お好みで）	1g	フライドオニオン（お好みで）	40g
B（WET）			
牛乳	250ml	＜仕上げ用＞	
プレーンヨーグルト	50g	バター	30g

準　備 ▶ 材料を計量する
　　　　　型に紙をしく

焼時間 ▶ 180℃　約 25 分〜

01

texture/
ダマをなくす

大きめのボウルにAを入れ、ホイッパーで混ぜる。

02

ここで
190℃に
予熱

別のボウルにBを入れ、ホイッパーでよく混ぜ合わせる。

texture/
なめらかになる
まで

03

①に②を一気に加え、へらで切るように混ぜ合わせる。

texture/
粉が見え隠れす
る状態まで

04

粉っぽさが残る状態で、フライドオニオン、シュレッドチーズ、ドライハーブを加える。

05

へらで切るように混ぜ合わせる。

06

型の7〜8分目まで生地を入れる。

07

180℃のオーブンで25分〜焼く。

08

オーブンから取り出し、温かいうちにバターをぬる。

09

型から取り出して粗熱をとる。

Ingredients

材料について

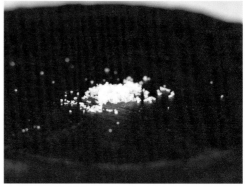

（左）スーパーバイオレットの小麦粉。
（右）細目のグラニュー糖。

塩も大事なポイント。

細目のグラニュー糖
を拡大したところ。

一つまみはこ
れくらい。

　私のレシピは、すべて近所のスーパーなどで手軽に手に入る材料で作れる、というのが基本です。おおざっぱに言ってしまえば、粉にバターに砂糖、それに牛乳や卵などがあれば作れてしまうものばかり。

　とはいえ、材料にこだわれば、より仕上がりが違ってくるのは言うまでもありません。写真左上の左側で紹介しているのはスーパーバイオレットという種類の小麦粉です。普通のスーパーマーケットではなかなか売っていませんが、製菓材料店などで手に入れることができます。写真左上の右側は細目のグラニュー糖です。焼き菓子にはぜひとけやすいグラニュー糖を使ってほしいのですが、なかでも写真のような細目のグラニュー糖を使うと、粒子が細かいのでパウンドケーキなどはきめの細かいできあがりになります。

　また塩も焼き菓子には欠かせません。私は精製されていない天然の塩を使っています。こういった塩を使うと味わいが違ってきます。この本に良く出てくるひとつまみというのは写真の分量（0.5g）を目安にしてもらえたらと思います。

Part 2

My Special Baking Note

焼き菓子

中 級 編

中級編のポイントはいくつかあります。
例えばスコーンでは、
バターなどの材料を冷たいままで使うこと、
パウンドケーキでは、油分と水分を
しっかり混ぜ合わせて乳化すること。
さらにメレンゲの扱いや、焦がしバターなども
このパートのお菓子作りでは大切になってきます。
こういったポイントは、次の上級編での
お菓子作りでも大事になってきますので
ぜひ覚えてもらいたいコツです。

Story 3

Scones

お菓子作りは「気負わなくてもいい」 それを教えてもらったお菓子

　17歳のとき、カナダにホームステイをしました。その時、ステイ先のお隣の家に、イタリア系カナダ人の女性が住んでいて、放課後、毎日のように私を家に呼んでくれ、たくさんのお菓子やお料理を一緒に作りました。

　ある日、私が「スコーンを作りたい」と言うと、「スコーン？ スコーンなんてあっという間よ！ すぐよ！」と計量もせず、ボウルに、粉、バター、ヨーグルトをばーんと入れて混ぜ、冷蔵庫で冷やしてからザクザクと切ってオーブンに。たった30分で完成しました。

　味も、本当においしくて。小麦粉のお菓子を作るのに、全く気負う必要がないと教えてくれた、そのお菓子がスコーンなのです。

思い立ったらいつでも！
気負わないで作れる

とっておきのスコーン

Point

スコーンは目分量で作っても
失敗が少ないお菓子の1つですが、
今回は私のベスト配合を
レシピにしました。
ぜひ焼きたてのうちに味見を！
バターの香りに、幸せな気分になれます

材料（12 個分）

A（DRY）		B（WET）	
薄力粉	150g	プレーンヨーグルト	70g
強力粉	120g	牛乳	70ml
全粒粉	30g	卵	1 個（L サイズ）
（ない場合は強力粉で可）			
ベーキングパウダー	6g	打ち粉	適量
バター	100g	卵	1 個
砂糖	50g	（サイズ問わず）	
塩	3 つまみ(1.5g)		

準　備　▶ 材料を計量する
　　　　　バターは 1cm 角に切り冷蔵庫で冷やす
　　　　　ヨーグルト、牛乳、卵は冷蔵庫で冷やす

焼時間　▶ 200℃　約 25 分〜

01

ボウルにバター以外のAを入れてホイッパーで混ぜる。

\texture/

ダマが残らない
ように

02

フードプロセッサーに①
とバターを入れ、さらさ
らになるまでまわす。

\texture/

粉状になるまで

03

Bの牛乳、卵、ヨーグルトを混ぜ合
わせ、ボウルに移した②に一気に加
える。

04

カードなどで切り混
ぜる。

\texture/

粉っぽさが少し
残っていてOK

05

2つに分けラップで包み、冷凍庫で
15分、周囲が固くなりはじめるまで
休ませる。

06

打ち粉をして休ませた生地を置き、
上からも打ち粉をふる。

07

めんぼうで約1cmの厚さにのばす。

08

三つ折りにする。折るときに、打ち
粉が多くて生地がくっつかないよう
なら、打ち粉をハケではらう。

09

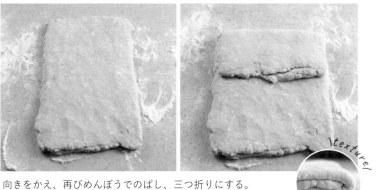

向きをかえ、再びめんぼうでのばし、三つ折りにする。

textur e!

横から見た
ところ

10

再びラップに包み、
冷凍庫でやや固めに
なるまで冷やす。

11

ここで
200℃に
予熱

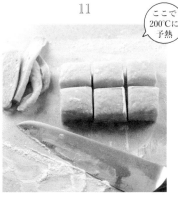

打ち粉をした台に生地を出し、包丁
に粉をつけ、端を垂直に切り落とし
それぞれを6等分する。

12

断面をなるべくさわらないようにし
て天板にのせ、表面にハケで卵をぬる。

13

200℃のオーブンで約25分〜こんがりと焼く。

=== *column* ===

ジャムや塩生クリーム（生ク
リーム100mlに塩1gを入れ
ホイップしたもの）で食べる
のがおすすめですが、冷凍保
存も。600wの電子レンジで
20〜30秒温めてから、トー
スターでリベイクして！

スコーンのバリエーション

p.52 のとっておきのスコーンから材料を変更するだけで、
いろいろなバリエーションのスコーンを楽しむことができます。

ぜひ焼きたてを！
チョコチップの
スコーン

p.52
とっておきのスコーンの

材料に以下をプラス
＋チョコチップ 80g

材料にチョコチップをプラスするだけ。p.52 の
とっておきのスコーンの半分をチョコチップにす
れば、同時に 2 種類の味のスコーンを楽しむこ
とができます。

ぜひドライフルーツもプラスして

紅茶の
スコーン

p.52
とっておきのスコーンの

材料に以下をプラス
+茶葉（アールグレイ）15g
　ドライフルーツ 70g

材料に上記2点をプラスするだけで作り方は同じ。紅茶はミルなどで挽いておきます。ドライフルーツはできれば洋酒漬けを！

食事や軽食にぴったり

ドライトマトと
ガーリックチーズの
スコーン

p.52
とっておきのスコーンの

材料の一部を変更
・砂糖 50g → 20g
　　　　　+ドライトマト 40g
　　　　　粉チーズ 15g
　　　　　ガーリックシーズニング
　　　　　（オレガノ、バジルなど入り）6g
　　　　　フライドオニオンやカリカリベーコン20g

材料の上記1点を変更して、ドライトマトなどをプラス。フライドオニオンやカリカリベーコンはぜひ加えてほしい材料です。できあがりの味の奥行きが全然違います！

recipe
10
My Special Banana Bread

芳醇でしっとり
ワンランク上の

誘惑の
バナナブレッド

Point

素朴で甘いバナナブレッド。
黄金比率のとっておきレシピです。
しっかりバナナをピュレにすることで、
べたつかず弾力がありつつ固くない生地に。
マフィンカップで小さく焼いて、
焼きたてを食べるのもおすすめです。

材料（直径 18cm のクグロフ型 1 個分）

薄力粉	100g	完熟バナナ	3 本
強力粉	100g	レモン汁	大さじ 2
食品用重曹	5g	（ピュレ状にして 250ml）	
オイル	80 ～ 100ml	バニラオイル	6 滴
バター	50g	塩	3g
きび砂糖	130 ～ 150g		
（バナナの甘さに応じて増減を）		**＜仕上げ用＞**	
卵	2 個（L サイズ）	粉砂糖（お好みで）	適量

準　備 ▶ 材料を計量する
　　　　　バターと卵を常温に戻す
　　　　　オイルにバニラオイルを混ぜておく

焼時間 ▶ 180℃　約 40 分～（マフィンカップなら約 20 分～）

59

01

)texture/

ダマをなくす

ボウルに薄力粉、強力粉、
食品用重曹、塩を入れて
ホイッパーで混ぜる。

02

バナナとレモン汁を、ブレンダーで混ぜ合わせる（ミキサーでもOK）。そこ
から250mlを計量しておく。

03

型にオイルスプレーをふきつける。
またはバターをぬって粉（どちらも
分量外）をふり冷蔵庫で冷やす。

04

ここで
180℃に
予熱

)texture/

クリーム状に
なるまで

ボウルにバターを入
れ、ホイッパーでよ
く混ぜ合わせる。

05

)texture/

そぼろ状にする

砂糖を加えて、バター
とよく混ぜ合わせる。

06

)texture/

マヨネーズのよう
になったらOK

オイルを加えて、ホイッ
パーでつやが出るまで、
よく混ぜ合わせる。

07

卵を1個ずつ割り入れて、そのつどホイッパーでよく混ぜ合わせる。

08

②のバナナピュレを加えて、ホイッパーでよく混ぜ合わせる。

09

⑧の分離が始まらないうちに、すぐに粉の入った①のボウルに入れる。

10

\texture/

へらで縦に切るようにして、粉と合わせる。混ぜすぎないように。

練らずに切るように

11

型に生地を入れ、天板にのせる。

12

180℃のオーブンで約40分〜焼く。

13

焼き上がったら10cmの高さから2回落として蒸気を抜き、型から取り出し網の上に逆さに置く。冷めたらお好みで粉砂糖をふる。

=== *column* ===

オイルは米油かグレープシードオイルで、酸化していない新鮮なものを。バナナは皮が黒くなるぐらい完熟したものを使います。

Pound Cake

祖母のレシピをアレンジ、
1本まるごとのおいしさを堪能して

　この本で紹介しているパウンドケーキは、子ど
もの頃、私にお菓子作りの楽しさを教えてくれた
祖母のレシピがベースになっています。

　本来、パウンドケーキは小麦粉、バター、砂
糖、卵の4つの材料を同量ずつ混ぜて焼いて作り
ます。しかし、この本では、何度も作ってきたな
かで、私が一番おいしいと思う配合でのレシピを
ご紹介しています。

　日持ちのするパウンドケーキは、プレゼント用
にもおすすめです。1本まるごとのおいしさは格
別。カットすると、どうしてもそこから水分が蒸
発して味が落ちてしまいます。1本まるごとお渡
しすると、今までと違うおいしさに出合えるので、
みなさんとても喜んでくれるのです。

バターが香る生地に
ドライフルーツがアクセント

ドライフルーツの
パウンドケーキ

Point

ちょっとしたプレゼントや
お土産にもぴったりの、
リッチなパウンドケーキ。
卵を加えたら、
しっかりと乳化させることで
なめらかな舌触りと軽さに仕上がります。

材料（18 × 8 × 6cm のパウンド型 1 本分）

薄力粉	75g	ドライフルーツ（洋酒漬け）	
アーモンドプードル	25g		75g
ベーキングパウダー	2g		
バター	100g	＜仕上げ用＞	
卵	1個（L サイズ）	洋酒（ブランデーやラム酒など）	
砂糖	80g		30ml
塩	1つまみ（0.5g）	はちみつ	大さじ1
		粉砂糖（お好みで）	適量

準　備 ▶ 材料を計量する
　　　　　バターと卵を常温に戻す
　　　　　卵をときほぐす
　　　　　パウンド型の内側にオイルスプレーをふきつけるか紙をしく
　　　　　ドライフルーツは細かく刻む

焼時間 ▶ 170℃　約 40 分〜

01

薄力粉とベーキングパウダー、塩を
合わせて2回ふるう。

02

アーモンドプードルを2回ふるう。

03

ボウルにバターを入れ、ホイッパーで3分ほど混ぜる。

\texture/

クリーム状に
なるまで

04

砂糖を加え、ホイッ
パーでよく混ぜ合わせ
る。

\texture/

白くふわっと
したらOK

05

②を加えて、ホイッパー
でよく混ぜ合わせる。

\texture/

ふわふわに
なるまで

06

とき卵を大さじ1程度ずつ加え、なめらかになるまでホイッ
パーで混ぜる、を繰り返す。

\texture/

乳化させることで
つやつやに

07

ここで
170℃に
予熱

①を加え、へらで生地を縦に切りながら、練らずに下からふわっと返す。

08

\texture/

練らずに切る
ように

粉っぽさが少し残っている状態でドライフルーツを加え、へらで切るようにして混ぜる。

09

パウンド型に入れ、トントンと5回台にたたきつけて空気を抜く。

10

へらで中央部分をへこませすりばち状にする。

11

天板にのせ、170℃で約40分〜こんがり焼く。

12

型を10cmの高さから落として焼き縮みを防ぎ、オーブンシートをしいた網の上で型から外す。表面にはちみつを混ぜて温めた洋酒をハケでぬる。

13

熱いうちにラップで密封して、冷めたら冷蔵庫で2日間休ませる。いただくときはお好みで粉砂糖をふる。

軽い口当たりに
抹茶が香る

抹茶のパウンドケーキ

Point

生地に抹茶と小豆を混ぜこんだ
軽くてしっとりとしたパウンドケーキです。
試作を何度も繰り返し、
やっとたどりついた
納得の香りと味わいです。
主役の抹茶は、ぜひ良質のものを！

材料（18 × 8 × 6cm のパウンド型１本分）

薄力粉 ································· 75g
アーモンドプードル ············· 25g
ベーキングパウダー ··············· 2g
抹茶 ··· 5g
バター ··································· 100g
卵 ·························· 1個（Lサイズ）
砂糖 ······································· 60g
はちみつ ································· 15g

塩 ································· 1 〜 2g
ゆで小豆（甘いもの） ········· 75g

＜仕上げ用＞

梅酒 ·································· 30ml
（洋酒 30ml ＋はちみつ大さじ 1or
砂糖 10g でも代用可）

粉砂糖（お好みで） ············· 適量

準　備　▶　材料を計量する
バターと卵を常温に戻す
卵をときほぐす
パウンド型の内側にオイルスプレーをふきつけるか紙をしく
ゆで小豆は汁をきっておく

焼時間　▶　170℃　約 40 分〜

01

02

03

薄力粉、抹茶、ベーキングパウダー、塩を合わせて2回ふるう。

アーモンドプードルを2回ふるう。

ボウルにバターを入れ、ホイッパーで3分ほど混ぜる。

\texture/

クリーム状になるまで

04

05

06

\texture/

はちみつを加え、ホイッパーでよく混ぜ合わせる。

ねっとりしたらOK

\texture/

砂糖を3回に分けて加えて、ホイッパーでよく混ぜ合わせる。

ふわっと白くなるまで

②を加えて、つやが出てなじむまでホイッパーで混ぜる。

\texture/

つやが出るまで

07

とき卵を大さじ1程度ずつ加え、なめらかになるまでホイッパーで混ぜる、を繰り返す。

\texture/

乳化によりつやつやな生地に

08

①を加え、へらで生地を縦に4回切り、下からふわっと返す。

ここで
170℃に
予熱

09

粉が少し残っている状態で小豆を加え、へらで切るようにして混ぜる。

｜texture｜

つやが出るまで混ぜる

10

パウンド型に入れ、トントンと5回台にたたきつけて空気を抜く。

11

へらで中央部分をへこませすりばち状にする。

12

天板にのせ、170℃で約40分～こんがり焼く。

13

型を10cmの高さから落として焼き縮みを防ぎ、オーブンシートをしいた網の上で返して型から外す。

14

熱いうちにハケで梅酒をぬる。

15

熱いうちにラップで密封して、冷めたら冷蔵庫で2日間休ませる。いただくときはお好みで粉砂糖をふる。

ラム酒を効かせた
大人の仕上がり

オレンジチョコレート
パウンドケーキ

Point

ダークチョコレートと
オレンジピールのゴールデンコンビ。
濃厚な味わいで、
洋酒の香りが鼻に抜けていきます。
クリームチーズを加えているので
生地がしっとりしています。
ワインのおともにもおすすめです。

材料（18 × 8 × 6cm のパウンド型 1 本分）

薄力粉	75g	板チョコ（ブラック）	1 枚(50g)
ココアパウダー	17g	クリームチーズ	25g
アーモンドプードル	30g	塩	0.5g
バター	100g		
ベーキングパウダー	2g	**＜仕上げ用＞**	
卵	1 個(L サイズ)	洋酒（ラム酒など）	30ml
砂糖	90g	はちみつ	大さじ 1
オレンジピール（洋酒漬け）	75g	粉砂糖（お好みで）	適量

準　備 ▶ 材料を計量する
バターと卵を常温に戻す
卵をときほぐす
パウンド型の内側にオイルスプレーをふきつけるか紙をしく
板チョコ、オレンジピールは刻む

焼時間 ▶ 170℃　約 40 分〜

01

薄力粉、ココアパウダー、ベーキング
パウダー、塩を合わせて 2 回ふるう。

02

アーモンドプードルを 2 回ふるう。

03

ボウルにバターを入
れ、ホイッパーで 3 分
ほど混ぜる。

\texture/
クリーム状に
なるまで

04

\texture/

砂糖を加え、ホイッパーでよく混ぜ合わせる。

白くふわっと
したら OK

05

クリームチーズを加え、ホイッパー
でよく混ぜ合わせる。

06

\texture/

②を加えて、よく混
ぜ合わせる。

ふわふわになるまで

07

\texture/

とき卵を大さじ 1 程度ずつ加え、なめらかになるまでホイッ
パーで混ぜる、を繰り返す。

つやつやな
生地に

08

ここで
170℃に
予熱

①を加えて、へらで切るようにして混ぜる。

\texture/

粉が少し残って
いる状態まで

09

オレンジピールと板チョ
コを加え、へらで切るよ
うにして混ぜる。

\texture/

つやが出る
まで

10

パウンド型に入れ、トントンと5回
台にたたきつけて空気を抜く。

11

へらで中央部分をへこませすりばち
状にする。

12

天板にのせ、170℃で約40分〜こ
んがり焼く。

13

型を10cmの高さから落として焼き縮
みを防ぎ、オーブンシートをしいた網
の上で型から外す。表面にはちみつ
を混ぜて温めた洋酒をハケでぬる。

14

熱いうちにラップで密封して、冷め
たら冷蔵庫で2日間休ませる。いた
だくときはお好みで粉砂糖をふる。

=== column ===

ラム酒はお好きな洋酒
でもOK。子ども用や
お酒が苦手な場合は、
仕上げは水50mlと砂
糖30gを混ぜたシロッ
プや、オレンジジュー
スをぬっても。

アールグレイが香る！
外はさっくり、中はしっとり

紅茶の
パウンドケーキ

Point

パウンド生地に、
紅茶を茶葉ごと混ぜており、
ミルキーな中にも紅茶が香ります。
外はさくっと、中はしっとりと
焼き上げました。
よく冷やしてからカットを。

材料（18 × 8 × 6cm のパウンド型 1 本分）

薄力粉	80g	塩	0.5g
アーモンドプードル	25g	茶葉（アールグレイ）	4g
ベーキングパウダー	2g		
バター	100g	**＜仕上げ用＞**	
牛乳	4ml	洋酒（コアントロー）	30ml
卵	1 個（L サイズ）	はちみつ（or 砂糖）	大さじ 1
砂糖	80g	粉砂糖（お好みで）	適量

準　備 ▶ 材料を計量する
バターと卵を常温に戻す
卵をときほぐす
パウンド型の内側にオイルスプレーをふきつけるか紙をしく
茶葉はミルサーかすりこぎで細かくする

焼時間 ▶ 170℃　約 45 分〜

01

薄力粉、ベーキングパウダー、塩を2回ふるう。アーモンドプードルを2回ふるう。

02

ボウルにバターを入れ、ホイッパーで3分ほど混ぜる。

texture
クリーム状になるまで

03

砂糖を3回に分けて加えて、ホイッパーでよく混ぜ合わせる。

texture
ふわっと白くなるまで

04

①のアーモンドプードルを加えて、つやが出るまで混ぜる。

texture
つやつやな生地に

05

とき卵を大さじ1程度ずつ加え、なめらかになるまでホイッパーで混ぜる、を繰り返す。

texture
つやつやな生地に

06

ふるっておいた①の粉と茶葉を混ぜ合わせ、⑤のボウルに入れる。

07

ここで
170℃に
予熱

へらで生地を縦に切り、下からふわっと返しながら混ぜる。

\texture/

つやが出る
まで

08

生地につやが出てきたら
牛乳を加えて、混ぜ合わ
せる。

\texture/

つやつやな
生地に

09

パウンド型に入れ、トントンと5回台に
たたきつけて空気を抜く。へらで中央
部分をへこませすりばち状にする。

10

天板にのせ、170℃で約45分〜焼
く。表面に弾力が出ればOK。

11

型を10cmの高さから落として焼き
縮みを防ぎ、オーブンシートをしい
た網の上で型から外す。洋酒とはち
みつを混ぜて温めたシロップをハケ
でぬる。

12

熱いうちにラップで密封して、冷め
たら冷蔵庫で2日間休ませる。いた
だくときはお好みで粉砂糖をふる。

column

紅茶はお好みの茶葉でOKで
すが、ベルガモットの香りを
つけたフレーバーティーであ
るアールグレイが香りがよく
おすすめです。

少ない材料でも本格派！ バレンタインにも

ガトーショコラ

Point

バターを使わず、ミニマムな材料で
簡単に作れるガトーショコラ。
表面がバリバリに割れる配合なので、
冷めると外はパリパリ、中はしっとりに。
生クリームやいちごなどで
トップをデコレーションしても。

材料（18cmの丸型1台分）

薄力粉	40g
板チョコレート（ブラック）	3枚（150g）
生クリーム	100ml
砂糖	100g
卵黄	3個（Lサイズ）
卵白	3個（Lサイズ）

＜仕上げ用＞

粉砂糖（お好みで）	適量

準 備 ▶ 材料を計量する
　　　　卵黄と卵白に分け、卵白は冷蔵庫で冷やす
　　　　卵黄と生クリームは常温に戻す
　　　　型（底面のみ）に紙をしく

焼時間 ▶ 170℃　約35分〜

01

耐熱ボウルに板チョコを砕いて入れ、500 wの電子レンジに 2 分かけてとかす。
とけなければ様子を見ながら 10 秒ずつ追加で加熱する。

02

①に生クリームを加
えて、へらでしっか
りと混ぜる。

\texture/

なめらかになる
まで

03

さらに卵黄を加えて、へらで混ぜる。

04

砂糖の半量を加え
て、へらで混ぜる。

\texture/

しっかりつやを
出す

05

=== column ===

寒い時期はチョコ生地
が室温で固まりやすい
ので、メレンゲを先に
作り冷蔵庫で待機さ
せ、チョコレート生地
を作っても OK。

薄力粉をふるい入れ、へらでやさしく粉を混ぜこむ。

\texture/

粉っぽさが消え
れば OK

06

卵白を冷蔵庫から取り出し、残りの砂糖を加え、ハンドミキサーの設定を強にして、一気に泡立てて、メレンゲを作る。

)texture(

角が立ちつ
やが出る

07

ここで
170℃に
予熱

⑤に⑥のメレンゲの1/3量を加え、へらでしっかり混ぜる。

)texture(

さっくり
混ぜる

08

)xture(

リボン状に垂れ
ればOK。

残りのメレンゲも半量ずつ加えて混ぜる。最後に混ぜるときはふわっと仕上げる。

09

型より10cmほど高い位置から流し入れる。

10

2〜3回、型をゆらして生地をととのえる。

11

170℃のオーブンで約35分〜焼く。

12

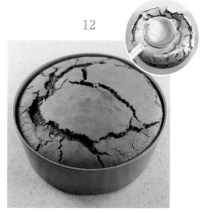

型の中で完全に冷ましてから取り出し、お好みで粉砂糖をふる。

卵の香りがたまらない
ふわふわ生地

クリームカップケーキ

Point

バターを使わず、
油分に生クリームを使った
カップケーキはふんわりしっとり。
小さくてもしっかり「ケーキ」としての
存在感ありなので
思わずデコレーションしたくなるかも？

材料（直径 7cm のマフィン型 10 個分）

薄力粉	70g
生クリーム（乳脂肪分 40％以上）	60ml
砂糖	70g
卵黄	4 個分（L リイズ）
卵白	2 個分（L サイズ）

準　備 ▶ 材料を計量する
　　　　卵黄は常温に戻す
　　　　卵白と生クリームは冷蔵庫で冷やす
　　　　型にグラシンカップ（9 号）をしく

焼時間 ▶ 170℃　約 15 分〜

01
卵黄と砂糖大さじ1を、ホイッパーでもったりするまで泡立てる。

02
生クリームに残りの砂糖の半量を入れ、ホイッパーで9分立てにする。

\texture\
角が立つ程度に

03
卵白に残りの砂糖を入れ、ホイッパーでしっかりと泡立てメレンゲを作る。

\texture\
角が立つまで

04
②に①を混ぜ合わせる。

05
ここで
170℃に
予熱

④に③のメレンゲを3回に分けて加え、そのつどさっくりと混ぜ合わせる。

\texture\
メレンゲが少し残っている状態でOK

06

/texture/

薄力粉をふるい入れ、ホイッパーでさっくり底からすくって中
央に落とし、練らないように合わせる。

ふわっとつやっ
とするまで

07

スプーンで生地を型に9分目まで流し入れる。

08

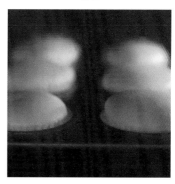

170℃のオーブンで約15分〜ほん
のり色づくまで焼く。

09

熱いうちにそっと取り出し、型のま
ま小刻みに2〜3回、軽くテーブ
ルに打ちつけ空気を抜き、網の上で
冷ます。

しっとりと香り高い
高級焼き菓子の代表格

焦がしバターの
本格マドレーヌ

Point

バターをゆっくり焦がして
不純物をとりのぞいた
「焦がしバター」を使った
本格＆贅沢なマドレーヌ。
生地を休ませるため時間がかかりますが、
特別な贈り物にぴったり。

材料（ミニマドレーヌ型 50 個分）

薄力粉	150g	卵	4 個（L サイズ）
ベーキングパウダー	3g		
砂糖	100g	バター	120g
はちみつ	100g	（焦がしバター用　できあがり 100ml）

準　備 ▶ 材料を計量する

焼時間 ▶ 190℃　約 10 分〜

=== 焦がしバターを作る ===

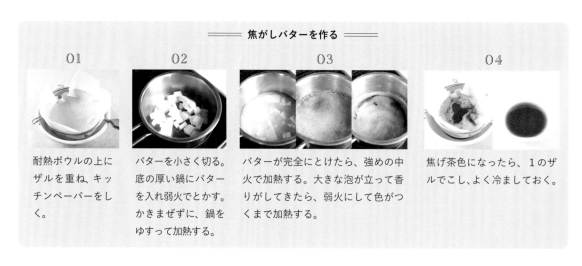

01
耐熱ボウルの上に
ザルを重ね、キッ
チンペーパーをし
く。

02
バターを小さく切る。
底の厚い鍋にバター
を入れ弱火でとかす。
かきまぜずに、鍋を
ゆすって加熱する。

03
バターが完全にとけたら、強めの中
火で加熱する。大きな泡が立って香
りがしてきたら、弱火にして色がつ
くまで加熱する。

04
焦げ茶色になったら、1のザ
ルでこし、よく冷ましておく。

マドレーヌ生地を作る

01

卵は白身と黄身に分ける。

02

卵白に砂糖を加え、ホイッパーで混ぜ合わせる。

\texture/
白く泡が均一に
なるぐらいまで

03

卵黄を4個加えて、ホイッパーで混ぜ合わせる。

04

薄力粉とベーキングパウダーをふる
い入れる。

05

グルテンが出るように、ホイッパーで、しっかり混ぜ合わせる。

ホイッパーのあとが残るくらい

06

焦がしバターを加えて、ホイッパーでしっかり混ぜ合わせる。

07

はちみつを加えて、ホイッパーでしっかり混ぜ合わせる。

どろっとしたらOK

08

清潔な容器に生地を入れて、冷蔵庫で最低3時間、できれば一晩休ませる。

09

ここで190℃に予熱

マドレーヌ型にオイルスプレーをふきつける。またはバターをぬり、粉（どちらも分量外）をふる。

10

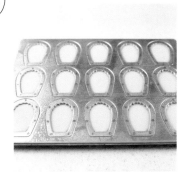

マドレーヌ生地を、型の8〜9分目までスプーンで流し入れる。

11

天板にのせ、190℃のオーブンで10分〜焼く。

12

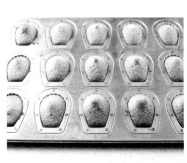

オーブンから取り出し、型から外す。

道具について

（右のゴムべらから）ゴムべらは大きめが使いやすい。包丁は冷凍しているもの、スポンジ、果物と切るものによって使い分けています。左から、キッチンパラダイスの「なみじゅう」、越前打刃物のもの、関孫六を愛用。計量スプーンは置いて計れる貝印のもの。計量カップは 50ml まで計れる貝印の「料理家の逸品」のものを使っています。カードは 2 種類の固さを使い分けています。メリケンサックのような形をしたものはペストリーカッターというバターを切りながら粉を混ぜるときの道具。フードプロセッサーはレコルトのものを。パワーがあってコンパクトなのが魅力。

型もできれば鉄製のものを使うと熱伝導がよく、しっかり焼くことができます。右上のマフィン型はカルファロンのもの。パウンドケーキ型は馬嶋屋菓子道具店のオリジナル、マドレーヌ型は松永製作所さんのものです。

　当たり前ですが、お菓子作りには道具も必要です。必須なのは、オーブンにボウルや計量カップ、スケール、めんぼうなどなど。時には鍋なども必要です。混ぜたり泡立てるときにはホイッパーでもかまいませんが、かなり大変。ぜひハンドミキサーがあるといいでしょう。ゴムべらやカードなど、細かい道具は 100 円ショップなどでも売っていますが、できたら製菓道具専門店のもののほうが作りがしっかりしていておすすめです。

　写真はどちらのものも、いつも私がこだわって使っている道具です。こだわりだすとお金もかかってしまうので、最初は必要なものをそろえ、徐々にいいものをたしていくといいでしょう。

焼き菓子

上 級 編

ここでは、専用の焼き型を使ったり
フィリングを作ったり
ひと手間かかるものばかりを集めました。
クッキーやマフィン、
パウンドケーキなどに慣れてきたら、
ぜひトライしてもらいたいものばかりです。
最初はうまくいかないかもしれませんが
回数を重ねれば、
必ずマスターできます。
とっておきの日のためのお菓子として、ぜひ。

アーモンドとサブレ生地の
サクサク感がたまらない！

フロランタン

Point

サブレ生地にキャラメリゼした
アーモンドをのせた
フロランタンを手作りで！
手間はかかりますが、おいしさはお墨付き。
下焼きが足りないと油っぽくなるので
そこは気を付けたいポイント。

材料（20cm×16cmのホーローバット1枚分　切り分けて約30枚分）

サブレ生地		キャラメルアーモンド	
薄力粉	85g	アーモンドスライス	150g
全粒粉	20g	バター	50g
アーモンドプードル	20g	生クリーム	50ml
バター	70g	砂糖	25g
粉砂糖	50g	はちみつ	25g
卵（といた状態）	20g		
塩	0.3g		

準　備 ▶ 材料を計量する
　　　　バットにオーブンペーパーをしく
　　　　サブレ生地のバターは1cm角に切り冷蔵庫で冷やす

焼時間 ▶ 170℃　25分〜、180℃に上げて30分〜

01
アーモンドスライスを天板に並べ、予め150℃に熱したオーブンで20分ローストする。

うっすら茶色くなる程度

02
薄力粉、全粒粉、アーモンドプードル、砂糖、塩を合わせてふるう。

03
フードプロセッサーに、②とバター（70g）を入れて混ぜる。

さらさらにする

04
③をボウルに取り出し、卵を加え、全体を切るようにしてなじませる。

ポロポロでOK

05
ポリ袋に入れ、上から押して平らにする。

06
冷蔵庫で30分～1時間休ませる。

07
めんぼうで、ポリ袋の上から8mm～1cmくらいの厚さにのばし型にしく。

ここで170℃に予熱

08
フォークで生地の全面に穴をあける。

09

170℃のオーブンで約25分〜下焼きをする。端が色づけばOK。

10

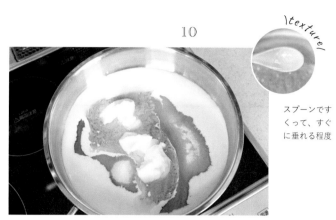

/texture/

スプーンですくって、すぐに垂れる程度

フライパンにバター（50g）、生クリーム、グラニュー糖、はちみつを入れて中火にかける。バターがとけたら、そのまま全体をゆすりながら加熱する。泡がねばりを持ち、全体が白くなればOK。

11

ここで180℃に予熱

①のアーモンドスライスを加え、全体を混ぜる。アーモンドが割れないよう丁寧に。

12

⑨の下焼きした生地の上に⑪を広げ、やさしく押さえて表面をならす。

13

/texture/

下地の焼き色はこの色が目安

180℃で約30分〜こんがり色づくまで焼く。下のクッキー生地までしっかり焼く。

14

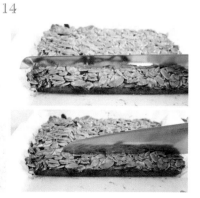

焼けたらオーブンから取り出し、クッキー生地が柔らかいうちに切る。まずアーモンド部分をギザギザのパン切り包丁で切り、次に普通の包丁にかえて、クッキー生地を押し切る。

15

4cm×4cmになるように切り分ける。

Chiffon Cake

何回も作ってみることで
コツがわかってくるお菓子

　シフォンケーキは私が誰からも
習っていないケーキの一つです。昔
は、知る人ぞ知る魔法のケーキでし
た。1人目の産後に実家にいるとき、
母が、「こういうの好きなんじゃな
い？」とシフォンケーキの型を買っ
てきてくれたのがきっかけです。

　シフォンケーキは生地の扱いが難
しく、失敗しやすいと言われている
のですが、泡立てたメレンゲをつぶ

さないように、でもしっかり混ぜる
のがポイントです。私も、何度も何
度も作り、失敗しないコツをつかみ
ました。

　バターを使わず、砂糖やオイルも
少ないケーキで、焼き上がりも軽い
ので、子どもにパン代わりによく食
べさせていました。トーストして、
カリッとさせていただくのもおすす
めです。

くちどけがよく
ふわふわしっとり

プレーンシフォンケーキ

Point

シンプルな材料なのに
卵の力でふわふわにふくらむ
シフォンケーキは
お子さまから大人まで大人気。
豊かな口当たりになるまでには
ぜひ何度も練習を！

材料（17cmシフォン型1台分）

薄力粉	65g
オイル	40ml
ぬるま湯	40ml
砂糖	50g
卵黄	2個分（Lサイズ）
卵白	3個分（Lサイズ）

＜仕上げ用＞

粉砂糖（お好みで）	適量

準　備 ▶ 材料を計量する

焼時間 ▶ 170℃　約40分〜

01

卵は卵黄と卵白に分ける。卵白のほ
うに卵黄が入らないように注意。卵
黄は常温に置く。卵白は冷凍庫に入れ、
卵白がシャリっとするぐらい冷やす。

02

薄力粉を 2 回ふるう。

03

卵黄をハンドミキサーで軽くほぐ
す。

04

\texture/

もったりと
した状態

砂糖の 20 ｇを③に加え、ハンドミキサーで白くもったりとし
た状態で倍量になるまで、5 〜 10 分で泡立てる。

05

オイルを加え、ハンドミキサーで、しっかり羽根の形が残るまで泡立てる。

06

ぬるま湯を加え、全体が泡立ち、均一になるまで混ぜる。

\texture/

泡立った
状態まで

07

②を加え、ホイッパーで50回ほど混ぜて、なめらかにする。

\texture/

リボン状に
落ちる

08

卵白を冷凍庫から取り出し、塩ひとつまみ（分量外）を加えハンドミキサーの中速でほぐす。

09

残りの砂糖を加えて、ハンドミキサーの設定を強にして、一気に泡立ててメレンゲを作る。

=== column ===

卵白を泡立てるときは、ボウルとミキサーの羽根は汚れや水気のないものを使いましょう。水滴がついていると、泡立ちが悪くなる原因に。

10

ここで
170℃に
予熱

⑦の卵黄生地に⑨のメレンゲをホイッパーできめを整えてから 1/3 量加え、泡で⑦をゆるめるイメージで混ぜる。

11

残りのメレンゲの 1/2 量を加えて、トントンと切るようにして混ぜる。

12

== column ==

ボウルに残った生地
は、へらでこそぎ取る
と、ふくらみが悪くな
るので、無理に型に入
れず別のカップに入れ
て、味見用に焼くとい
いでしょう。

⑪の生地を残りのメレンゲのボウルに流し入れ、ホイッパーで、底からすくい
上げるように、さっくり混ぜる。

13

へらに持ち替え、なめらかなつやが出て、ゆったりリボン状に落ちるまで底から返して混ぜる。

14

シフォン型に、型より10cmほど高い位置から流し入れる。

15

トントンと2〜3回、型をゆらして生地をととのえる。

16

170℃で約40分〜焼く。10分経過したところで扉をあけ、オーブンの中ですばやく上面に切り込みを入れ、切れ目に色がつくまでしっかり焼く。

17

焼き上がったらオーブンから出し、10cmの高さから落とす。さかさまにして、しっかり冷ます(約5時間)。

18

型の内側に細いパレットナイフを上下に動かしながらぐるりと一周入れる。型の外側もパレットナイフを上下に動かしながらぐるりと一周入れ、外枠を外す。底の部分にもパレットナイフを入れ底を外す。

19

まな板などの上に返し、お好みで粉砂糖をふる。

シフォンケーキのバリエーション

p.100 のプレーンシフォンケーキの材料を変更するだけで、
違う味わいのシフォンケーキを焼くことができます。

オレンジがさわやかな味わい

柑橘とポピーシードの
シフォンケーキ

p.100
プレーンシフォンケーキの

材料の一部を変更
＋ポピーシード 20g
・ぬるま湯 40ml → **10ml ＋オレンジなどの果汁 30ml**
・卵黄 2 個→ **3 個**

材料の上記 3 点を変更＆プラスするだけで作り
方は同じ。ポピーシードは薄力粉と合わせておき、
ぬるま湯を入れるタイミングで果汁とぬるま湯を
入れます。果汁はぜひ生の果実を濾して使って。

シフォンケーキの定番といえば

抹茶の
シフォンケーキ

p.100
プレーンシフォンケーキの

材料の一部を変更
＋**抹茶 5g**
・ぬるま湯 40ml → **50ml**

材料の上記2点を変更＆プラスするだけで作り
方は同じ。薄力粉に抹茶を合わせてふるっておき
ます。抹茶は質のいいものを使うと香りが違いま
す。私は小山園の白蓮がお気に入りです。

ふんわり紅茶が香る

紅茶の
シフォンケーキ

p.100
プレーンシフォンケーキの

材料の一部を変更
＋**茶葉（アールグレイ）3g**
・ぬるま湯 40ml →**濃い紅茶 40ml**

材料の上記2点を変更＆プラスするだけで作り
方は同じ。紅茶はミルなどで粉砕し薄力粉と合わ
せてふるっておきます。ぬるま湯を入れるタイミ
ングで温めた紅茶を。使う紅茶もアールグレイで。

recipe
20
Banana Caramel Tart

フレッシュバナナの
甘さ際立つ

バナナタルト

Point

とけたキャラメルがアクセントの
焼き込みタイプのバナナタルトです。
タルト生地とアーモンドクリームの
基本の作り方を覚えたら、
さまざまな季節のフルーツで
ぜひ焼き込みタルトを作ってみて！

材料（18cmのタルト型1台分）

タルト生地（作り方は p.15 の
オイルクッキーを参照）

薄力粉	120g
粉砂糖	40g
オイル（米油）	50ml
卵	1/3 個分
バニラオイル	3 滴

アーモンドクリーム

バター	50g
砂糖	50g
卵	1 個（M サイズ）
アーモンドプードル	50g

塩	0.5g
薄力粉	15g

ドライパイナップル	
（りんごでも可）	30g
バナナ	4 本
キャラメル（市販）	9 個

＜仕上げ用＞

アプリコットジャム	30g
洋酒（or 水）	大さじ 1
ピスタチオ	適量
とけない粉砂糖	適量

準　備　▶　材料を計量する
　　　　　バターは常温に戻す
　　　　　卵は常温に戻し、塩を入れてときほぐす
　　　　　ドライパイナップルは刻む

焼時間　▶　170℃　約 60 分〜

アーモンドクリームを作る

01

ボウルにバターを入れ、白くなるまでねる。

02

砂糖を加え、白くふわっとするまで泡立てる。

)texture(

しっかり空気を
含ませる

03

とき卵を少しずつ加えて、その都度、よく混ぜ乳化させる。

)texture(

卵とバターが分離
しないように

04

薄力粉、アーモンドプードルをふるい入れ、へらでさっくりと
混ぜ合わせる。

)texture(

粉っぽさがな
くなるまで

05

ラップに包んで密封し、冷蔵庫で
30分〜1日休ませる。冷凍も可。

タルト生地を作る　＊生地の作り方は p.15 のオイルクッキーのレシピを参照（分量も同じ）

01
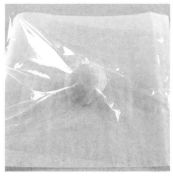
型にオイルスプレーをふきつける。

02

オーブンペーパーの上にタルト生地をのせ、ラップをふんわりかける。

03

めんぼうで 5mm ぐらいの厚さで、タルト型よりも一回り大きい円形にのばす。途中で、型をのせ、大きさを見ながらのばす。

04

タルト型に押し込み、ふちまで生地をしっかりと押し込む。

05

はみ出した生地は、めんぼうをころがして押し切り、やぶけたときのために取っておく。

06

フォークで穴をあける。

仕上げ

01

ここで
170℃に
予熱

\texture/

なめらかに
なるまで

冷蔵庫からアーモンドクリームを取り出し、へらで練る。

02

ドライパイナップルを加えて、さっくりと混ぜ合わせる。

03

タルト生地をしいた型の中に入れ、アーモンドクリームを入れ平らにならす。

04

バナナを5mm幅に切る。キャラメルをキッチンバサミで細かく切る。

05

③にバナナをらせん状に縦にしきつめ、間にキャラメルをのせる。

06

170℃のオーブンで約60分〜焼く。

07

しっかりバナナに焦げ目がつき、こ
んがり焼けたら取り出す。

08

小鍋にアプリコットジャムと洋酒（or 水）を入れて煮とかしたものを、ハケ
で表面にぬる。

09

粉砂糖をふり、刻んだピスタチオを
飾る。

=== column ===

バターと卵は常温に戻
しておくこと。冷たい
と分離しやすくなるの
で注意が必要です。

ジャムはアプリコット
ジャムに限らず、マー
マレードなど色のうす
いものならOK。

オイルスプレーがない
場合は、型にバターを
ぬって粉をふり、冷蔵
庫で冷やしておく。

Apple Pie

家で楽しむために
気軽に作ってほしい

　ホームステイ中にお菓子を習ったカナダ人のお
母さんの家では、朝食代わりのお菓子がスコーン
だとしたら、パイのようなどっしりしたお菓子は
夜ごはん代わりのような存在でした。

　私たちが毎日炊く白いごはんのように、ミート
パイやスコーンは自宅で、自分で作って食べるも
の。計量もアバウトで、多少の幅があっても、お
いしくできるお菓子なのです。

　湯気の立つ、炊きたてのごはんがおいしいよう
に、アップルパイも、焼きたてが一番！　型に入
れたまま大きくピースを切り分けて、型崩れも気
にせず熱々を食べるのがおすすめです。

　時間がたったら温めて、バニラアイスクリーム
を添えて。それもまた格別の味わいです。

どこか懐かしくて
クラシックな味わい

ホームメイドアップルパイ

Point

絵本に出てくるような
クラシックなアップルパイは、
酸味と甘味たっぷりのりんごを
包んで焼き上げます。
型はアルミ製を、
レモン果汁はレモンを絞ったもので。

材料（21cm のパイ皿 1 皿分）

パイクラスト

強力粉	100g
薄力粉	200g
バター	200g
レモン汁	大さじ 1
氷水	大さじ 6
塩	5g
打ち粉	適量

アップルフィリング

りんご（紅玉）	600g（正味）※ 7 個程度
きび砂糖	50g
砂糖	50g
シナモン	1.5g
ナツメグ	0.5g
レモン汁（ストレート）	20ml
コーンスターチ	5g
バター	25g
塩	1g

＜仕上げ用＞

卵	1 個
砂糖	大さじ 1
アプリコットジャム（あれば）	30g
ラム酒	大さじ 1

準　備 ▶ 材料を計量する
　　　　バターは 1cm 角に切り冷蔵庫で冷やす

焼時間 ▶ 230℃　約 15 分〜、アルミホイルをかけて 200℃に下げ約 40 分〜

パイクラストを作る

01

ボウルに強力粉、薄力粉、塩を入れてホイッパーで混ぜる。

02

フードプロセッサーに①とバターを入れ、10秒間混ぜる。

さらさらになるまで

03

大きなボウルに移し替え、レモン汁と氷水を加え、へらで押しながらなじませる。まとまらない場合は氷水大さじ1（分量外）を、様子を見ながらたす。

\texture/

にぎってまとまればOK

04

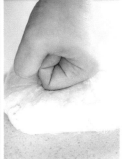

広げて手を使って押しまとめる。

05

2つに分けてラップに包み、冷蔵庫で2時間以上休ませる（最大2日間）。冷凍も可。

アップルフィリングを作る

01

りんごは皮をむき、2cm角に切る。

column

アップルフィリングに使うりんごは紅玉がベスト。なければジョナゴールドでも。甘味はきび砂糖の分量で調節を。

02

きび砂糖と砂糖、塩、シナモン、ナツメグを混ぜ合わせ、①のカットしたりんごにまぶす。

03

レモン汁を加え、へらで混ぜ、砂糖がとけてしっとりするまで約10分置く。

texture
水分で表面につやがでる

04

中火でフライパンにバターをとかし、香りが出て泡立ってきたら③を加えていためる。

05

汁がふつふつとしてきたらふたをし、約10分煮る（途中で上下を返す）。

texture
汁が出てくる

アップルフィリングを作る

06

りんごの半量がジャム状になったら、コーンスターチを加えてとかす。

07

かき混ぜ続け、へらでフライパンの底が見えてきたら火を止める。

texture

とろみが
出る

08

バットにあけ、しっかり冷ます。

仕上げ

01

ここで
230℃に
予熱

パイクラストの1つを、使う5分前に冷蔵庫から出し、打ち粉をし、4mmの厚さにのばす。

02

パイ皿にパイクラストをしき、はみ出した部分を1cmほど残しカットする。

03

パイクラストのふちを型に合わせて折り、かべを作る。

04

もう1つのパイクラストを冷蔵庫から出し、5分ほど置き、4mmの厚さでパイ皿より一回り大きくのばす。

05

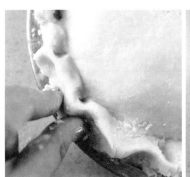

③にアップルフィリングを流し入れ、中央を盛り上げる。

06

④を⑤の上にかぶせ、フィリングを包みこむように、③のかべと重ねて指でひだを作る。

07

表面に包丁で切り目を入れる。

08

卵をといて砂糖を混ぜた卵液を表面にハケでぬる。焼く前に生地がだれたら一度冷蔵庫で冷やす。

09

230℃のオーブンで約15分〜焼く。

10

取り出して、パイのふちにアルミホイルをかぶせ、200℃に下げて約40分〜、しっかり色が全体につくまで焼く。

11

焼き上がって粗熱がとれたら、アプリコットジャムとラム酒を合わせて煮とかしたものをハケでぬり乾かす。

さわやかな味わいで
春や夏にぴったり

レモンバターケーキ

Point

卵黄と卵白を一緒に泡立てる
共立て法で作る、とっておきのケーキです。
しっとりとしていて、
レモンの風味がさわやか。
生地の焼加減に慣れてきたら、
レモン型や花型など、いろいろな型で焼いても。

材料（18 × 8 × 6cm のパウンド型 1 本分）

薄力粉	120g	レモン（ノーワックス）の皮	
アーモンドプードル	30g		少々
焦がしバター	40ml	**＜仕上げ用＞**	
（バター 50g で作成）		アプリコットジャム	30g
＊作り方は P90 参照		湯（or 洋酒）	大さじ 1
卵	3 個（L サイズ）	粉砂糖	50g
砂糖	100g	レモン汁	10 〜 13ml
オイル	40ml		
レモン汁	25ml	ピスタチオ（お好みで）	適量
		レモンの皮（お好みで）	適量

準　備　▶　材料を計量する
　　　　　　焦がしバターを作る（できた焦がしバターはオイルと合わせ、
　　　　　　湯煎をして固まらないようにしておく）
　　　　　　パウンド型の内側にオイルスプレーをふきつけるか紙をしく

焼時間　▶　170℃で約 20 分〜　160℃に下げて約 30 分〜

01

02

レモンはよく洗ってから半分に切っ
て果汁を絞り、削った皮と合わせる。

薄力粉、アーモンドプードルは合わ
せて2回ふるう。

03

\texture\

ボウルに卵と砂糖を入れてハンドミキサーの強で泡立てる。字が
書ける状態になったら弱の設定にして、仕上げの泡立てをする。

きめ細かなリボン
状に

ここで
170℃に
予熱

04

①のレモン汁、②の粉類を加え、底からすくうようにして中央に落とし、練らずに合わせる。

05

温めておいた焦がしバターとオイルを加え、練らずに底からすくうように混ぜる。

バターと油が混ざり、生地が均一に

06

パウンド型に生地を8〜9分目まで入れる。

07

170℃で約20分〜、160℃に下げて約30分〜焼く。

08

焼き上がったら、10cmの高さから1回落とし、オーブンシートをしいた網の上に逆さにして置く。

09

熱いうちに型から取り出し、ぬらしてしぼったキッチンペーパーをかけて冷まし、冷めたら角を切り落とす。

10

アプリコットジャムに湯もしくは洋酒を加えて煮とかしたものをのばし、ハケで全面にぬり、表面を乾かす。

12

粉砂糖にレモン汁を加えてアイシングを作り、ハケでトントンと裏面以外にぬる。お好みでピスタチオをふる。

13

220℃に予熱したオーブンで1分間焼き、表面を乾かす。お好みで刻んだレモンの皮をふる。

= column =

切り分けるときはやや厚めにすると特別感もアップ。

アイシングのバリエーション

レモン味など甘くないお菓子にはアイシングを行うと、お互いの味が
引きたちます。さらに見た目も可愛くなるのでギフトなどにもぴったりです。

オイルクッキーのレシピで
レモンオイルクッキー
p.15 の
オイルクッキーの

材料の一部を変更
・オイル 50ml → 40ml

+**レモン汁 20ml**
　　　塩 1 つまみ（0.5g）
・バニラオイル 3 滴→**不要**
・卵 1/3 個分→**不要**

材料の上記 3 点を変更＆プラス。塩は粉に加え、レモン汁は粉を混ぜたあとに、
しっかりほぐすように手でもみます。厚さは 5mm で型抜きします。アイシング
はよく冷ましてからぬり、230℃に予熱したオーブンで 1 分間焼きます。焼く前
に刻んだピスタチオを散らしても。

gemomoge

フードフォトグラファー・調理師。2016年から、はてなブログでカナ
ダとアメリカ在住の間に習得した現地の焼き菓子を中心にレシピを公
開、延べ1000万以上のアクセスを誇る。日々のお菓子作りを投稿して
いるインスタグラムも人気で、7.7万人のフォロワーを獲得（ともに
2021年1月現在）。不定期にお菓子・お料理教室を開催、YouTubeでの
動画配信も開始するなど、多チャンネルでお菓子作りの楽しさを発信
しながら、3人の子育てに奮闘中。

ブログ『さっさっさっと今日のおやつ』
https://www.gemomoge.net/
インスタグラム
@gemomoge
YouTubeチャンネル
gemomoge's kitchen

このおいしさ、まるでプロ級！
味わいリッチな焼き菓子レシピ

2021年2月19日　初版発行
2024年4月5日　4版発行

著者／gemomoge

発行者／山下 直久

発行／株式会社KADOKAWA
〒102-8177　東京都千代田区富士見2-13-3
電話 0570-002-301(ナビダイヤル)

印刷所／大日本印刷株式会社